VENTE PAR SUITE DE DÉPART

HOTEL DROUOT, SALLE N

Les Lundi 27, Mardi 28, Mercredi 29 et Jeudi 30 Mars 1899

IMPORTANT

MOBILIER ARTISTIQUE

Argenterie

BEAUX OBJETS D'ART

Appartenant à M. et Mme W...

Me G. DUCHESNE   M. A. BLOCHE

EXPOSITIONS

PARTICULIÈRE   PUBLIQUE
Le Samedi 25 Mars 1899   Le Dimanche 26 Mars 1899

EXEMPLAIRE DE M. CAPTIER

IMPRIMERIE MAULDE ET RENOU
—

MAULDE, DOUMENC & Cⁱᵉ
IMPRIMEURS DE LA CHAMBRE DES DÉPUTÉS RÉUNIES

Rue du Four-Saint-…, Paris

CATALOGUE

D'UN

IMPORTANT

MOBILIER ARTISTIQUE

En partie provenant de JANSEN et de DROUARD

COMPRENANT

Galeries, Salons, Salle à manger

Chambres à coucher, Cabinets de travail, Antichambre

Piano à queue et autre oblique d'ÉRARD

TRÈS BEAUX OBJETS D'ART

Deux superbes Vases en porcelaine de Saxe Louis XV montés

PORCELAINES ET FAIENCES ANCIENNES

MARBRES DE J. CLÉSINGER ET DE P. D'ÉPINAY

Bronzes, Fers, Cuivres

TORCHÈRES EN ONYX ORIENTAL ET BRONZE

NOMBREUSE ARGENTERIE

OBJETS DE VITRINE

TABLEAUX

TAPISSERIES, TAPIS, TENTURES, LINGE

Appartenant à M. et Mme W....

DONT LA VENTE AURA LIEU

HOTEL DROUOT — SALLE N° 1

Les Lundi 27, Mardi 28, Mercredi 29 et Jeudi 30 Mars 1899

A DEUX HEURES UN QUART

Me G. DUCHESNE	M. A. BLOCHE
COMMISSAIRE-PRISEUR	EXPERT PRÈS LA COUR D'APPEL
Rue de Hanovre, 6	Rue de Châteaudun, 28

CHEZ LESQUELS SE DISTRIBUE LE PRÉSENT CATALOGUE

EXPOSITIONS

PARTICULIÈRE	PUBLIQUE
Le Samedi 25 Mars 1899	Le Dimanche 26 Mars 1899
De 2 heures à 6 heures	De 2 heures à 5 heures 1/2

LE PRÉSENT CATALOGUE SE TROUVE A

PARIS......... Chez Mᵉ Georges DUCHESNE, Commissaire-Priseur, 6, rue de Hanovre.

    —   — M. A. BLOCHE, Expert près la Cour d'Appel, 28, rue de Châteaudun.

LONDRES...... — M. F. DAVIS, 147, New Bond Street.

FRANCFORT-S-MEIN. — MM. GOLDSCHMIDT, Joailliers Rossmarkt.

ROME......... — M. PIATELLI, 34, via Funari.

BERLIN... .. — M. Gustave LÉWY, 57 et 58, Wilhelmstrasse.

MUNICH...... — M. BERNHEIMER, 3, Maximilien Platz.

AMSTERDAM.. — M. J. BOASBERG, 63, Kalverstraat.

CONDITIONS DE LA VENTE

Elle sera faite au comptant.

Les Acquéreurs paieront CINQ POUR CENT en sus du prix d'adjudication.

Les Expositions mettant le public à même de se rendre compte de la nature et de l'état des objets, aucune réclamation ne sera admise une fois l'adjudication prononcée.

NOTA. — Le présent Catalogue servira d'entrée à l'Exposition particulière.

ORDRE DES VACATIONS .

Lundi 27 Mars 1899

Argenterie, Orfèvrerie, Argenture

Mardi 28 Mars

Objets de vitrine, Ivoires, Porcelaines montées,
Porcelaines et Faïences

Mercredi 29 Mars

Tableaux, Bronzes, Sculptures, Mobilier,
Pianos

Jeudi 30 Mars

Linge, Objets divers, Fers, Suite du Mobilier
Tapisseries, Tentures, Tapis

Maulde, Doumenc et Cie, imprimeurs de la Cie des Commissaires-Priseurs,
rue de Rivoli, 144.   1000—79589

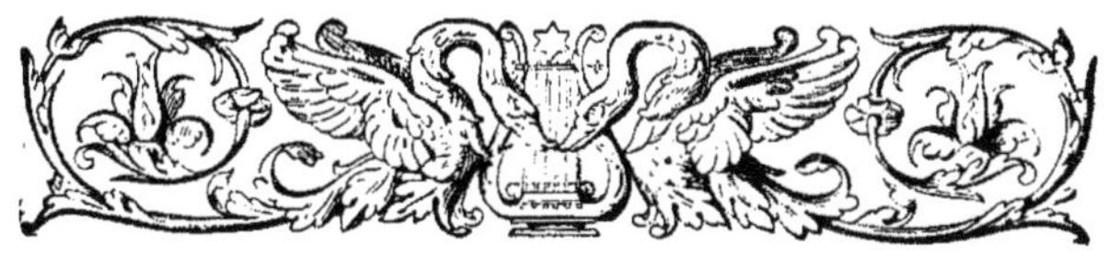

MEUBLES

GALERIE

1 — Meuble-dressoir en bois sculpté dans le goût de la Renaissance, ouvrant dans le bas à deux portes offrant en haut-relief dans des cartouches raphaëlesques des enfants musiciens; montants et entre-deux à cariatides, sur consoles à mascarons et enguirlandées, le devant des tiroirs à médaillons de nymphes couchées dans des cadres coquillés; le haut à deux étagères à fond de glace avec tabliers à masques fabuleux et supportés par des chimères; les côtés sont ornés dans le même goût que la façade.

2-3 — Deux Vitrines à hauteur d'appui en bois sculpté, de style Renaissance avec des cariatides de chaque côté. Les profils offrent en bas-relief des compositions analogues à celles du meuble précédent.

4 — Vitrine ouvrant à deux portes en bois sculpté, partie à jour sur fond de glace, dessins à arabesques et ornements; intérieur garni d'étoffe rouge. Style XVIIIe siècle.

5 — Banquette formant coffre en bois sculpté, offrant sur le devant des arabesques de feuillages, des oiseaux et des cariatides de génies tenant un écusson ; côtés à pilastres. xviᵉ siècle. Avec coussin en drap rouge et bandes de tapisserie.

6 — Commode à quatre rangées de tiroirs en boïs sculpté, avec figurines sur les côtés, écusson au milieu et poignées à têtes d'homme. Travail génois du xviiᵉ siècle.

7 — Commode de poupée en bois rose, palissandre et marqueterie, dessus en marbre blanc, garni de bronzes. Louis XVI.

8 — Portemanteau d'applique formant étagère en bois sculpté, dessin à écusson et arabesques de fleurs, flanqué de chaque côté de cariatides de satyres, patères en bronze doré forme dauphins. Travail en partie du xviᵉ siècle.

9 — Quatre Fauteuils en bois torse, bras ornés de chimères, couverts en tapisserie à parterre de fleurs au petit point. Louis XIII.

10 — Table en bois sculpté, piètement à jour de style gothique.

SALONS

11 — Joli Canapé en bois sculpté et doré, à contours ornementés et feuillagés, couvert en soierie armurée et brochée à festons fleuris. Style Louis XV. Travail de Jansen.

12 — Table ovale en palissandre et marqueterie de bois garnie de bronze, bandeau à arabesques. Style Louis XVI.

13 — Paravent triptyque en noyer sculpté rehaussé d'or, le haut à glaces biseautées, feuilles en satin rose garni d'applications en satin crème brodé à fleurs. Style Louis XV.

14 — Joli petit Canapé en bois sculpté et doré à contours, ornements de fleurs et feuillages, couvert en ancienne soierie vieux rose brochée à guirlandes de fleurs. Style Louis XV. Travail de la Maison POIRIER et RÉMON.

15 — Canapé couvert en soierie mordorée, dessin en grisaille et or à ramage, gainé de velours mauve et garni de franges et passementeries assorties.

16 — Vitrine en acajou moucheté garni de moulures de cuivre, bandeau à arabesque en bronze ciselé et doré, dessus en marbre veiné du Languedoc, tablette en peluche bleue, fond de glace. Style Louis XVI.

17 — Deux Chaises en bois sculpté et doré, dossier à colonnettes, couvertes en soierie brochée. Style Louis XVI. Fournies par JANSEN.

18 — Fauteuil bas en noyer sculpté rehaussé d'or, à feuillages, rosaces, arabesques et colonnettes à spirale, couvert en velours de Gênes à fleurs sur fond crème. Style Louis XVI.

19 — Table de milieu de salon en bois de luxe satiné et marqueté à losanges, garnie de bronzes ciselés et dorés à rais de cœurs, perlés et feuillages, pieds à cannelures reliés par un croisillon. Style Louis XVI. De DASSON.

20 — Jardinière en marqueterie de bois de rose et de palissandre, garnie de bronzes dorés à cariatides et feuillages.

21 — Banquette en noyer sculpté à ornements, couverte en soierie crème brochée, à guirlandes de fleurs. Style Renaissance.

22 — Très bon **PIANO** à queue, en bois de palissandre, grand modèle n° 3, avec mécanique à double échappement et sommiers métalliques d'ÉRARD, n° 68277.

22 *bis* — Dessus de piano à queue, en satin bleu de ciel brodé à fleurs, garni de peluche et passementeries.

23 — Jolie Jardinière en acajou sculpté et ciré, garnie de bronzes ciselés et dorés, bandeau à arabesques feuillagés, bordure à feuilles d'acanthe et perlés, anses à têtes de satyres, pieds à cannelures reliés par un croisillon. Style Louis XVI. De DASSON.

24 — Petit Bonheur-du-Jour en noyer sculpté et bois clair, avec ornements en ivoire. Il ouvre à cylindre ; le haut formant vitrine surmontée d'une figurine argentée représentant un guerrier assis, est flanqué de chaque côté d'une niche renfermant des figurines en bronze argenté : Violoniste et Danseuse. Travail artistique de style Renaissance.

25 — Petite Table ovale en bois satiné garni de bronzes ciselés et dorés, le dessus à galerie, bandeau à perlés avec bas-reliefs à jeux d'Amours, pieds en fuseaux reliés par un croisillon surmonté d'un groupe de deux dauphins. Style Louis XVI.

26 — Écran bois sculpté, peint en vert, à perlés et rais de cœur, avec feuille en tapisserie dessin aux pivoines. Style Louis XVI.

27 — Coffret en ancien cuir de Cordoue, dessin à fleurs, garni de clous en cuivre, intérieur en damas de soie rouge.

CABINET DE TRAVAIL

28 — Très beau Piano en noyer sculpté ; le haut à voussure est supporté par des personnages assis sur des gaines, le panneau du fond à arabesques ornementées ; la caisse du piano offre des guirlandes, des trophées de musique et des mufles de lions, les consoles représentent des pages. Travail de style Henri II, de la maison DROUARD, instrument d'ERARD.

29-30 — Deux Bibliothèques ou Vitrines, de même style et de même travail.

31 — Bureau en noyer sculpté ouvrant à deux portes et cinq tiroirs ornés de cariatides de femmes et d'arabesques feuillagés, le haut à étagère à statuette de saint, avec fond ajouré à entrelacs. Travail de style Renaissance.

32 — Canapé et deux Fauteuils couverts en velours rouge cerise garni d'applications et de galons métalliques. Style Henri II, de la Maison DROUARD.

33 — Fauteuil en noyer sculpté, bras à têtes chimériques, pieds à griffes, couvert en velours rouge garni de galons et franges assorties de DROUARD.

34 — Fauteuil de forme dite Dagobert, en noyer sculpté de DROUARD.

35 — Deux Tabourets forme X, en noyer sculpté, pieds à griffes de lions, couverts en panne rouge avec larges galons métalliques.

36 — Chaise en noyer sculpté, pied en X, dossier offrant une cariatide d'Amour au milieu d'élégants rinceaux, fronton à oiseaux fantastiques, dessus en panne rouge. Style Renaissance.

37 — Petite Table en noyer sculpté ouvrant à un tiroir, pieds à ogives.

SALLE A MANGER

38 — Beau Buffet de salle à manger d'aspect architectural en bois sculpté ; le haut à fronton avec niche renfermant un enfant et un coq assis sur des nuages et de chaque côté deux enfants adorateurs, est supporté par deux statuettes et par des cariatides d'enfants tritons. Il ouvre à deux portes ornées de glaces bisautées. Le bas à portes pleines avec montants à têtes d'hommes et chutes de feuillages. Style Renaissance.

39 — Meuble argentier en bois sculpté, montants à cariatides de faunes sur gaines, fronton à écusson accosté par des hommes assis, côtés surmontés de lions ; le bas ouvre à porte pleines ornées de médaillons allégoriques et ornementés. Style Renaissance.

40 — Cheminée en noyer sculpté, le haut renfermant un cartel ornementé et enguirlandé, bandeau à plaques de marbre rouge et vert de mer, montants à têtes de femmes sur gaines à cannelures. Style Renaissance. De KRIÉGER.

41 — Quatre Fauteuils et six Chaises en bois couverts de drap vert garni de galons, dossiers en applications de tapisseries anciennes à guirlandes de fruits.

CHAMBRES A COUCHER

42 — Bel Ameublement de chambre à coucher en palissandre et bois des Iles sculpté, flanqué de colonnes torses et garni de cuivre ajouré, composé d'un Lit de milieu, une Table de nuit, une Armoire ouvrant à trois portes, celles du milieu avec glace biseautée, d'une Table à coiffer, le bas ouvrant à huit tiroirs, le haut à étagères et glace biseautée, et d'une Glace biseautée avec cadre en bois. Travail de style portugais Louis XIII.

43 — Lit portugais de même style que le précédent.

44 — Tabouret de pied en bois sculpté couvert en ancienne tapisserie.

45 — Guéridon en acajou incrusté de filets de cuivre. Style Louis XVI.

46 — Ameublement de chambre à coucher en bois de palissandre et des Iles sculpté, à guillochures et à pointes de diamants flanqué de colonnettes torses garni de cuivre ajouré, composé d'un Lit, d'une Table de nuit, d'une grande Armoire à portes pleines et d'une Toilette à dessus de marbre blanc avec étagère et surmontée d'une glace biseautée. Travail de style portugais Louis XIII.

47 — Deux Fauteuils et deux Chaises en palissandre couverts en peluche réséda avec large bande de peluche grenat garni d'application.

48 — Bel Ameublement de chambre à coucher en noyer sculpté, composé de deux Lits jumeaux, une Armoire ouvrant à trois portes ornées de glaces biseautées et

d'une Toilette avec dessus de marbre rouge à étagère surmontée d'une glace biseautée, dessin à médaillons têtes de femmes encadrés de feuillages,
frontons à vases fleuris et ornements.

49 — Meuble crédence, formant table de nuit, en noyer
sculpté, le haut à voussure ornementée, panneaux à
têtes de personnages en ronde bosse au milieu de
feuillages, flanqué de chaque côté de colonnettes.
Style Renaissance.

50 — Guéridon en bois sculpté, pieds cannelés reliés
par un croisillon. Style Louis XVI.

51 — Glace biseautée avec cadre à frontron en glace,
dessin gravé.

52 — Chaise en bois sculpté à tête de béliers et arabesques, couverte en soie bleue pâle tapissée de
soie. Style Renaissance.

53 — Petite Chaise en bois sculpté, laqué et peint vert,
à coquilles et feuillages, foncée de canne. Style
Louis XV.

54 — Paravent à quatre feuilles, en soierie rouge brodée
à cigognes. Style chinois.

55 — Glace biseautée avec cadre en glace, décor gravé.
Travail de Venise.

CHAMBRE D'ÉTUDE

56 — Bureau en bois sculpté ouvrant à dos d'âne, à
médaillon représentant Pomone au milieu d'ornements, le haut vitré. Style Renaissance.

57 — Bibliothèque en noyer sculpté. Style Renaissance.

58 — Bibliothèque tournante en chêne, avec quatre
cartons.

OBJETS D'ART

—

SCULPTURES

59 — **Marbre blanc.** *La Néréïde.* Groupe important
de J. CLÉSINGER. Provient de la vente Émile de
Girardin.

60 — **Marbre blanc.** *Buste de Faunesse*, signé P. D'EPI-
NAY, *Rome.* Socle en bronze ciselé et doré à entrelacs
fleuris et ornés de perles. Style Louis XVI.

PORCELAINES MONTÉES

61 — Paire de très belles Aiguières formées de vases
en ancienne porcelaine de Saxe, fond à semis de
myosotis en relief, avec médaillons à personnages
sujets Watteau. Riches montures Louis XV, en bronze
ciselé et doré à rocailles, fleurs et enroulements.

62 — Deux Brûle-Parfums de Chine. décor fond vio-
lacé, marbré de bleu céladon fleuri, monture en
bronze ciselé et doré, gorge à dessin grec, anses à
jour, couvercles couronnés par des motifs à pommes
de pin. Louis XVI.

3.

63 — Paire de petits Vases en porcelaine gros bleu, avec élégantes montures en bronze ciselé et doré, à rocailles fleuronnées. Style Louis XV.

64 — Deux Buires en porcelaine gros bleu, avec jolies montures en bronze ciselé et doré, anses couronnées par des figurines d'enfants se penchant sur l'évasement orné de mascarons et de têtes de béliers. Style Louis XVI.

65 — Paire de Bouteilles en ancienne porcelaine de Chine, famille verte, décor à objets d'ameublement, monture en bronze doré. Style Louis XV.

66 — Chope en ancienne porcelaine de Chine, décor bleu sur blanc, monture en bronze doré. Style Louis XIV.

67 — Grande Coupe en ancienne porcelaine de l'Inde décorée de médaillons à personnages, avec encadrements dit mosaïque clatrée et parties rehaussées d'or. Monture en bronze doré.

68 — Deux Théières formées de poules et de poussins en vieux Chine, décor mauve, violet, vert et jaune. Montures en bronze doré de style Louis XVI.

69 — Deux Jardinières de forme carrée, composées de plaques en porcelaine de Sèvres ou de Tournai, décor médaillons de fleurs sur fond vert à rehauts d'or. Montures en bronze doré. Style Louis XVI.

70 — Deux Cornets d'applique en Satzuma. Montures en bronze.

71 — Paire de Lampes en porcelaine de Chine, fond bleu à réserves de personnages. Montures en bronze doré.

72 — Deux Lampes en porcelaine décorée à fleurs. Montures en cuivre. Disposées pour l'électricité.

73 — Deux Coupes en porcelaine du Japon, décor cloisonné. Montures en bronze.

74 — Porte-Bouquets à deux vases en cristal côtelé, montés sur plateau adhérent formé d'une plaque en porcelaine, décor à sujet d'après TÉNIERS. Monture en bronze doré.

PORCELAINES ET FAIENCES

75 — Joli groupe: Allégorie à la Danse, en ancienne porcelaine de Saxe.

76-77 — Deux Groupes de quatre figurines chacun, en ancienne porcelaine de Saxe: *Les Musiciens* et *Les Jardiniers*, sur socle drapé avec tore de feuillage.

78 — Deux Groupes en ancienne porcelaine de Saxe: *La Bonne Mère* et *Jeune Femme au rouet.*

79 — Pot à crème en ancienne porcelaine d'Amstel, décor à sujets de chasse.

80 — Coffret en ancienne porcelaine de Naples, décor allégorique aux Sciences.

81 — Moutardier en ancienne porcelaine de Sèvres, forme tonneau, décor à fleurs.

82 — Tasse et Soucoupe en ancienne porcelaine de Sèvres, décor à réserves de volatiles sur fond bleu turquoise à rehauts d'or.

83 — Tasse et Soucoupe en ancienne porcelaine de
Sèvres, décor laqué, dans le goût chinois, à volatiles sur fond aventuriné.

84 — Salière forme triangulaire en ancienne faïence de
Castelli, décor raphaëlesque.

85 — Tête-à-tête en ancienne porcelaine de Vienne,
décor fond noir à bandes, fond rehaussé d'or, composé d'un Plateau, une Théière, un Pot à crème, un
Sucrier et deux Tasses avec Soucoupes.

86-90 — Dix-sept Plats ronds en ancienne faïence de
Delft, décor en bleu et en polychrome à personnages, fleurs et paysages.

91 — Grand Plat de Nevers, décor bleu à vases
fleuris.

92 — Plat en faïence genre Rouen, décor en bleu et
rouge.

93 — Grand Plat en faïence genre Nevers, décor bleu
à volatiles.

94 — Deux Plats en porcelaine de Chine, décor en
bleu à paysage montagneux.

95 — Plat rond en porcelaine de Chine, décor à
fleurs.

96 — Quatre Assiettes en ancienne porcelaine de Chine
et du Japon.

97 — Deux Compotiers de forme octogonale en faïence
de Rouen, décor à armoiries en polychrome.

98 — Trois Assiettes creuses en porcelaine du Japon,
décor polychrome à fleurs.

99 — Seau en ancienne porcelaine, bordure bleue à feuille de chou, décor à fleurs.

100 — Vase ajouré en ancienne porcelaine de Saxe, décor à fleurs en relief.

101 — Petite Gourde en céladon de Chine à fleurs.

102 — Six grandes Soucoupes en porcelaine de Saxe, décor à fruits, bordure ajourée.

103 — Six Figurines d'Amours en porcelaine d'Allemagne.

104 — Figurine de Jardinière en porcelaine de Berlin.

105 — Statuette de Soldat en ancienne porcelaine de Saxe.

106 — Deux Figurines en porcelaine de Saxe : *Jardinière* et *Bouquetière*.

107 — Figurine de petit Paysan, sur socle, en ancienne porcelaine de Saxe.

108 — Deux Aigles sur rochers, en ancienne porcelaine de Chine.

109 — Groupe de deux Enfants portant un écusson, en porcelaine de Saxe.

110 — Jardinière rectangulaire avec son plateau, en ancienne porcelaine de Chine, décor à personnages, piédouche ajouré.

111 — Deux Figurines d'applique en faïence de Saint-Clément : *Arlequin* et *Pierrot*.

112 — Deux Porte-Tasses avec soucoupes, forme coquilles, en ancienne porcelaine de l'Inde à bandes roses.

113 — Bonbonnière, forme coquillage, en ancien céladon vert de Chine, couvercle surmonté d'un crabe.

114 — Deux Fauteuils à quatre faces en craquelé de Chine, décor à branchages fleuris.

115 — Petit Vase en faïence émaillée vert de Chine.

116 — Cheval couché, en ancienne porcelaine de Chine.

117 — Chimère accroupi, en porcelaine bleue turquoise de Chine.

118 — Deux Vases à anses, en faïence italienne, à sujets allégoriques aux Sciences.

119 — Pichet en faïence de Ginori, décor à Amour.

120 — Conque en ancien céladon vert de Chine.

121 — Deux Bouquetières en ancienne faïence de Rouen, décor bleu et rouge.

122 — Bannette en vieux Rouen, décor polychrome à la Corne.

123 — Deux Statuettes en Chelsea, Paysan et Paysanne, sur socles à rocailles.

124 — Tasse et Soucoupe en porcelaine, pâte tendre, décor fond bleu lapis avec médaillons à oiseaux.

125 — Deux Compotiers oblongs en porcelaine anglaise, bordure violette à fleurs.

126 — Deux Vases en faïence, genre Palissy, décor à rondes d'enfants et mascarons.

127 — Deux Groupes en porcelaine de Chine : Personnages portant des vases.

128 — Pendule en porcelaine de Saxe, surmontée d'un groupe allégorique, le devant à enfants tenant une guirlande de fleurs.

129 — Deux Potiches en porcelaine de Saxe, décor à fleurs en relief, dit à la boule de neige, anses à perroquets, couvercles surmontés de chardonnerets.

130 — Deux grosses Potiches du Japon en porcelaine laquée rouge, couvercle surmonté d'un coq.

131 — Deux Vases en porcelaine craquelée de Chine, décor en émaux de couleur à sujets guerriers, bordures bronzées.

132 — Deux Coquetières forme canards, en porcelaine de Chine.

133 — Deux Pichets en porcelaine de Paris, représentant des Buveurs.

134 — Grand Bol en ancienne porcelaine de Chine, décor en bleu, à rivière animée de bateaux.

135 — Cache-Pot en faïence émaillée bleue de Longwy, décor en relief à sujets chinois.

136 — Cinquante Assiettes en porcelaine anglaise, décor imitant le Saxe.

137 — Quatre-vingts Assiettes plates, dix-sept creuses, dix-sept à dessert et quatre Raviers en porcelaine anglaise, bordure bleue turquoise.

138-139 — Deux Vasques en porcelaine de Chine, décor à dragons au milieu de branchages fleuris sur fond jaune ; posant sur des supports en bois sculpté.

140-141 — Deux Vasques en céramique peinte, anses
à mufles de lions, posant sur des supports en bois
sculpté de Chine.

142 — Deux grands Vases en faïence émaillée, décor
fond bleu turquoise.

BRONZES

143-144 — Deux Groupes de trois figures en bronze
représentant des Enlèvements, sur socles en bronze
doré, de style Louis XIV.

145-146 — Deux Centaures en bronze patine foncée,
sur socles en marbre blanc. Style xvie siècle.

147 — Deux Sujets en bronze : *Esclaves couché et
rampant*. Signé : VANHOVE. Socles marbre noir.

148 — Statuette en bronze vert, style antique : *Re-
nommée*. Socle en marbre noir.

149 — Deux Lampadaires formés par des statues de
femmes égyptiennes en bronze, à belle patine claire
et parties dorées, avec vêtements en onyx d'Algé-
rie, gravé et rehaussé d'or, posant sur des socles en
marbre vert et contresocles en bois sculpté, disposés
pour l'électricité.

150 — Tam-Tam en bronze du Japon, décoré de dragons et couronné par une figurine d'enfant, bronze
à patine foncée. Socle en bois sculpté.

151 — Groupe de trois figures en bronze, patine noire,
représentant un Enlèvement. Attribué à la fin du
xvie siècle.

152 — Groupe allégorique en bronze : *Rien !!* de CLÉ-
SINGER. Signé et daté 1868. Édition de MARNYHAC.
Socle en marbre noir.

153 — Paire de Vases en bronze japonais, offrant en
haut relief des Combats d'hommes et d'aigles, le
pied à guirlandes de fruits et de feuillage, patine
foncée.

154 — Coupe ajourée ainsi que le pied sur colonnette
en marbre.

155 — Vase cylindrique en cristal gravé, décor bambou,
recouvert en majeure partie de dragons furieux en
bronze ciselé et doré s'enroulant tout autour. Travail
européen dans le goût chinois.

156 — Deux Groupes en bronze de trois figures, enfants
jouant à la main chaude et au cheval fondu. Sujets
inspirés de CLODION.

157 — Deux Statuettes d'enfants en bronze patine rouge.
Style xviiie siècle.

158 — Deux Groupes : *Les Lutteurs*, en bronze, sur
socles en marbre garni de bronzes dorés.

159 — Porte-Allumettes en bronze, représentant la
Chaudière du Diable.

160 — Pendule Louis XVI en marbre blanc et bronze
doré, le cadran signé *Festeau, à Paris*, est supporté
par des ornements à feuillages se terminant par des
cariatides de femmes ailées et surmonté d'une boule
lobée.

161 — Paire de belles Appliques en bronze ciselé et
doré, forme lyres d'où s'échappent deux rinceaux

feuillagés et enguirlandés de vigne suspendus par
des serpents à des nœuds de rubans et se terminant
par des têtes de satyres et des trophées de musique.
Style Louis XVI. Disposées pour l'électricité.

162 — Lustre à dix-huit lumières, en bronze ciselé et
doré, à rinceaux, guirlandes, feuillages et têtes de
satyres. Disposé pour l'électricité. Style Louis XVI.

163 — Paire de Chenets Louis XVI, en bronze ciselé
et doré, vases et grenades sur balustrades enguirlandées.

164 — Lampe électrique, formée par une figurine de
Chinois en bronze patiné assis au milieu de rocailles. Style Louis XV.

165 — Pendule en marbre blanc et bronze patine noire
et dorée, représentant des enfants enguirlandant un
fût de colonne cannelée supportant le cadran, signé
Fotin l'Aîné, à Paris, et surmontée d'une figurine
d'Amour tenant des fleurs. Style Louis XVI.

166 — Paire de Candélabres formés par des groupes
d'amours en bronze patine foncée portant des branchages fleuris à trois lumières en bronze doré et
posant sur des socles en marbre blanc garni de
bronzes. Style Louis XVI.

167 — Deux Vases en marbre blanc garni de bronze doré,
à cariatides de femmes et perlés. Style Louis XVI.

168 — Groupe en bronze argentés : *Les Joueurs de dés*,
signé Drouot.

169 — Statuette en bronze représentant Jupiter assis
sur son trône, en marbre blanc. Socle en marbre
griotte.

170 — Paire de Lampes formées de deux animaux fantastiques en ancien bronze de Chine, portant des cornets. Disposées pour l'électricité.

171 — Groupe en bronze : *Bacchanale*, d'après CLODION.

172 — Quatre Étagères à bonbons en bronze doré, ornées de figurines de Danseuses, avec coupes en cristal taillé. Ier Empire.

173 — Grand Lustre en bronze, à rinceaux et cariatides à sept lumières disposées pour l'électricité.

174 — Pendule de Style Louis XVI, en bronze ciselé, avec figure d'Amour guerrier tenant un médaillon et accoudé sur le cadran, signé *Balthazard, à Paris*.

175 — Paire de Candélabres en bronze patine foncée à petits Bacchants dansants portant deux lumières. Socles à perlés. Style Louis XVI.

176 — Deux flambeaux en bronze formé par des figurines d'Amours assis sur des crocodiles.

177-178 — Quatre Lanternes en bronze argenté à Amours. Disposées pour l'électricité.

179 — Petit Lustre à quatre lumières en cuivre à feuillages. Disposé pour l'électricité.

180 — Groupe en bronze : *Le Pêcheur*, avec bassin en cristal.

181 — Lustre d'antichambre en bronze doré à feuillages et têtes de béliers, disposé pour le gaz.

FERS

182 — Lustre en fer forgé à cinq lumières. Disposé
pour l'électricité.

183 — Lampadaire en fer forgé à feuillages et volutes à
trois lumières disposées pour l'électricité.

184 — Deux Landiers en fer forgé autour desquels s'en-
roulent des dragons en bronze doré.

185 — Lustre forme boule ajourée, en fer forgé à dragons ailés. Disposé pour l'électricité.

ARGENTERIE ET ORFÈVRERIE

186 — Deux Ibis, dont les corps sont formés de gros
coquillages, les têtes, les pattes, et les terrassements
en argent repoussé, ciselé et doré ainsi que des serpents enroulés entourés d'eux et dont ils serrent les
têtes dans leurs becs.

187 — Coupe d'honneur avec couvercle, formée par un
coquillage nacré avec riche monture en argent
repoussé; le pied supportant la conque formé par
un triton, le couvercle offrant un groupe de che-
vaux marins couronné par un lion. Travail attribué
au xvie siècle.

188 — Coupe formée par un grand coquillage, monture
en argent repoussé, ciselé et gravé, représentant une
tortue supportant une figure de Bacchus assis sur un
tonnelet. Travail attribué au xviie siècle.

189 — Glace ovale biseautée avec cadre en argent repoussé, à têtes de chérubins au milieu de feuillages, avec deux branches de lumières. Louis XIII.

190 — Joli Huilier en argent ciselé, à feuillages de vigne et grappes, burettes en cristal taillé à côtes tournantes. Époque Louis XV.

191 — Huilier en argent, à cariatides de femmes ailées sur gaines, burettes en cristal taillé. Ier Empire.

192 — Sucrier en argent à anses feuillagées, couvercle surmonté d'une pomme de pin. Ier Empire.

193 — Sucrier en argent, à godrons, sur trépied à têtes de femmes, couvercle surmonté d'un Amour, le tout posant sur plateau adhérent. Ier Empire.

194 — Cafetière en argent, pied en argent à feuilles d'acanthe. Ier Empire.

195 — Jatte à lait en argent forme baril, avec sa cuiller, intérieur doré.

196 — Service en argent anglais, composé d'un Samovar sur trépied avec lampe, une Théière, un Pot à crème, un Sucrier, une Cafetière et une Boîte à thé. Travail de Hunt et Rosrell.

197 — Petite Coupe en cristal gravé, monture en argent.

198 — Chocolatière en argent uni, couvercle à tore de laurier et rosace.

199 — Petite Bouillotte en argent uni.

200 — Cafetière en argent uni anglais de la Maison Hunt et Roskell.

201 — Petite Cafetière en argent uni, poignée en bois noir.

202 — Petite Théière en argent uni, poignée en bois noir.

203 — Lampe de fumeur, formée par un œuf d'autruche. **Monture en argent anglais.**

204 — Pichet à vin forme perroquet en cristal. Monture en argent anglais.

205 — Carafon forme canard en cristal, tête et queue en argent anglais.

206 — Carafon forme phoque en cristal. Monture en argent anglais.

207-208 — Deux autres plus petits Carafons en cristal, anses et couvercles surmontés d'une couronne en argent anglais.

209 — Boîte à cigarettes en ivoire sculpté, forme bûche, garnie d'argent.

210 — Six Raviers en cristal, monture en argent, bordure à perlés. **Travail anglais de la Maison Hunt et Roskell.**

211 — Crachoir à anse en argent uni.

212 — Sucrier en argent ciselé, à **volatiles, rosaces** et guirlandes de vigne, intérieur en verre bleu. Iᵉʳ Empire.

213 — Deux Saucières avec couvercle, forme urne, en argent gravé, bordure à perlés. Fin Louis XVI.

214 — Paire de Flambeaux en argent, forme gaine, base à spirales, pieds **ornementés à contours.** Époque Régence.

215 — Paire de Flambeaux en argent anglais, à cannelures.

216 — Paire de Flambeaux en argent uni. Fin Louis XVI.

217 — Flambeau en argent uni. Epoque Louis XIII.

218 — Cafetière en argent uni, de forme ovoïde, à feuilles de laurier, posant sur trois pieds à griffes de lion. Ier Empire.

219 — Pot à crème Louis XV, en argent, décor gravé à médaillon, guirlandes et nœud de rubans, bordure à perlés.

220 — Deux Poudrières Louis XV, en argent, à rocailles.

221 — Aiguière de forme ovoïde en argent, avec bande ornementée, bordure à perlés.

222 — Ménagère en argent avec burettes en cristal, couvercle ajouré. Travail anglais de style Louis XIV.

223 — Deux Saucières sur support avec leur lampe en argent, bordure à perlés. Ier Empire.

224 — Bougeoir en argent repoussé et ciselé, poignée à petits personnages, avec son éteignoir.

225 — Deux Plats creux en argent, bordure à perlés et feuillages. Travail anglais de style Empire.

226 — Deux Assiettes creuses en argent, bordure à contours et filets. Louis XV.

227 — Plat creux en argent, bordure à filets.

228 — Autre Plat plus petit.

229 — Compotier en argent à godrons avec armoirie au centre.

230 — Plat creux en argent à godrons, bordure à contours et filets.

231 — Plat de forme carrée en argent à contours et filets avec armoirie.

232 — Trois Figurines en argent anglais : *Chasseurs*. Travail de la Maison Henry LEWIS.

233 — Groupe équestre en argent : *Le Mexicain*, sur terrassement forme rocher.

234 — Statuette en argent anglais : *Méphistophélès*.

235 — Statuette en argent anglais : *Page portant une corbeille*.

236 — Deux Porte-Allumettes en argent : Têtes d'Anglais et d'Anglaise.

237 — Deux Poivrières en argent anglais, formées par des statuettes de monstres accroupis.

238 — Gobelet en argent russe : Tête de sanglier.

239 — Deux Bouts-de-Table, un Moutardier et un Porte-Cure-Dents en argent, à feuillages de laurier, verre bleu. Style Louis XVI.

240 — Neuf petits Verres à liqueurs en vermeil.

241 — Carafon en cristal taillé, monture en argent anglais de la Maison JONES.

241 — Poivrière en argent, forme tour crénelée.

243 — Tasse et Soucoupe en argent guilloché.

244 — Porte-Pains grillés en argent anglais.

245 — Cachet en argent représentant une Égyptienne.

246 — Statuette d'Enfant en argent, forme cachet.

247 — Deux Insectes en argent, sur socles en granit, formant presse-papiers.

248 — Porte-Pelotes à ficelles en argent anglais.

249 — Coupe à déguster en argent.

250 — Sucrier en argent à cannelures, avec médaillons à têtes de femmes reliées par des guirlandes de fleurs, couvercle à tors de laurier. Époque Louis XV.

251 — Coupe à bonbons à deux compartiments en argent ajouré, à guirlandes, anses à nœuds de rubans. Fin Louis XVI.

252 — Porte-Huilier en argent, avec aigles aux ailes déployées. Ier Empire.

253 — Cuvette et Pot à eau en argent uni.

254 — Porte-Huilier en argent, sur plateau adhérent, poignée forme lyre. Ier Empire.

255 — Soupière ovale en argent uni, à anses.

256 — Réchaud à œufs en argent, sur trépied, anses à mufles de lions, surmonté d'un sablier.

257 — Plateau sur pied à bords contournés, à coquilles, dessin à gravé. Travail anglais.

258 — Plat ovale et quatre Plats ronds en argent uni, bordure à filets, de la Maison LEGRAND.

259 — Théière, Sucrier et Pot à crème en terre de DOULTON, garnis d'argent.

260 — Service à thé en porcelaine décorée garnie d'argent, Théière, Sucrier, Pot à crème, quatre Tasses avec leurs Soucoupes, de la Maison LEUCHARD.

261 — Deux Pantoufles en argent, décor gravé.

262 — Étui à cigarettes en argent guilloché.

263 — Porte-Cigarettes en argent mat, décor gravé.

264 — Porte-Cartes en argent, décor gravé à ornements.

265 — Étui à allumettes en argent guilloché.

266 — Flacon à odeurs en argent, forme poinçon.

267 — Baguier lobé en argent repoussé, anses à feuillages.

268 — Petite Boîte ronde en argent, bordure à feuillages.

269 — Deux grands Flacons à odeurs en cristal, à côtes
tournantes, bouchons en argent repoussé. Travail
de style Louis XV, de la maison WILSON.

270 — Quatre Boîtes rondes à poudre en argent, couvercles à sujets mythologiques.

271 — Boîte rectangulaire à brosses, en argent repoussé,
couvercle à jeux d'Amours.

272 — Boîte à épingles à cheveux garnie d'argent
repoussé, à arabesques feuillagées.

273 — Lampe de fumeur en argent uni à perlés.

274 — Porte-Cure-Dents en argent, forme cocotte.

275 — Deux Poivrières en argent, forme plumeaux,
poignées en ivoire.

276 — Deux Boîtes à allumettes, forme bourriches, en
argent, couvercles ornés de poissons.

277 — Petit Pot à crème en argent repoussé, à rocailles
et volatiles. Style Louis XV.

278 — Petit Sucrier avec Pince en argent uni.

279 — Bol en argent, intérieur doré, avec dragon gravé.

280 — Moulin à poivre en argent, bordure à feuilles de choux.

281 — Glace à main avec cadre et poignée en argent.

282 — Deux Brosses à cheveux en argent anglais avec plaques en ivoire garni de nacre et de burgau.

283 — Flacon à odeurs en argent martelé et clouté.

284 — Pelotte en peluche rouge cerclée d'argent ajouré.

285 — Boîte ronde en argent, à côtes tournantes, bordures à feuilles de choux.

286 — Boîte ronde avec couvercle en argent à cariatides d'Amours et arabesques, bordure à cannelures. Style Louis XIII.

287 — Douze Tasses et Soucoupes de forme hexagonale, en argent repoussé à paysages, bordure à feuillages.

288 — Onze Verres à liqueurs en corne garnie d'argent.

289 — Quatre petites Salières en argent doré.

290 — Bougeoir avec Éteignoir et Boîte à allumettes en argent à perlés de la maison LEUCHARD.

291 — Moulin à poivre en argent anglais uni.

292 — Deux Pelles à poissons en argent, manches en ivoire.

293 — Jardinière Louis XV, ovale, sur pied en argent repoussé, à volatiles au milieu de feuillages, avec anses ajourées à Amours.

294 — Cinq Cuillers à compotes en argent gravé et niellé. Travail russe.

295 — Douze Couverts à entremets en vermeil, à filets.

296 — Vingt Cuillers à café analogues.

297 — Quatorze Pelles à glace en vermeil, à perlés. .

298 — Six Cuillers à café en argent russe.

299 — Service à salade en argent anglais.

300 — Deux Fourchettes à hors-d'œuvre en argent anglais.

ARGENTURE

301 — Cafetière et Sucrier guilloché.

302 — Théière en métal anglais, à cannelures et perlés.

303 — Théière en métal anglais, dessin gravé.

304 — Porte-Biscuits à double coquilles sur support, intérieur doré, en métal anglais.

305 — Seau à glace en cristal taillé, monture et pince en métal.

306 — Services à poisson et à glace en métal de Christofle, manche en ivoire.

307 — Pelle à asperges en métal de Christofle, manche en ivoire.

IVOIRES

308 — Précieux Groupe en ivoire et bois sculpté, représentant un saltimbanque sur un chariot traîné par deux petits porcs, sur lesquels un singe prend ses

ébats ; un poteau indicateur, avec chouette perchée, le tout posant sur un socle en bois. Travail attribué à Dindlinger, de Munich.

3o9 — Triptyque en ivoire sculpté, représentant François Ier et ses guerriers, fronton à trophées militaires.

3io — Petit Triptyque en ivoire sculpté, rehaussé d'or et de peintures représentant la mort d'Henri IV.

3ii — Deux figurines en ivoire : Danseuses, socle en bois noir.

3i2 — Statuette en ivoire : Personnages en riche costume incrusté de burgau. Travail japonais.

3i3 — Deux Figurines : Personnage assis et Femme debout, les mains jointes, en ivoire, costumes incrustés de burgau. Travail japonais.

3i4 — Groupe en ivoire japonais : Personnage, Enfant et Singe.

3i5 — Groupe de Singes et Grenouilles en ivoire japonais.

3i6 — Groupe de deux Squelettes en ivoire japonais.

3i7 — Coupe-papier en ivoire, manche formé par un groupe de personnage grotesque et d'animal fantastique. Monture en doré.

3i8 — Béquille formée par une sirène en ivoire. Travail ancien.

OBJETS DE VITRINE

3i9 — Joli Flacon à odeurs en or ciselé et repoussé, panses offrant, d'un côté, un attribut à l'*Hyménée*

et de l'autre un émail peint à têtes de lions. Époque
Louis XVI.

320 — Bague marquise en or émaillé bleu avec applique
de branchage en anciennes roses de Hollande.
Époque Louis XVI.

321 — Bague en or enrichie de roses avec inscription :
« *Je ne change pas, même en mourant* ». Louis XVI.

322 — Bague en or renfermant une petite montre sur
fond émaillé bleu, bordure en roses de Hollande.
Louis XVI.

323 — Montre en or avec double-boîtier enrichi d'un
émail peint : Portrait de jeune Fille tenant des
roses, bordure ornée de jargons, cadran signé *Jean-
Robert Soret*. Époque Louis XVI.

324 — Montre en or ciselé et émaillé, fond bleu à petits
perlés blancs, enrichie de jargons, mouvement signé
Berthoud, à Paris. Époque Louis XVI.

325 — Petite Cassolette à parfums, forme losange, en
or émaillé fond bleu, couvercle orné d'une peinture :
têtes d'anges, encadrement en perles. Louis XVI.

326 — Boîte ovale en or de couleur, fond guilloché,
bordure et montants ciselés à feuillages et guirlandes. Epoque Louis XVI.

327 — Bonbonnière en argent repoussé et doré à ornements Amours et rocailles.

328 — Boîte ovale en or ciselé de couleurs à trophées
de jardinage, fleurs et guirlandes de feuillage, couvercle orné d'une peinture : Portrait de jeune Fille,
sur fond émaillé bleu. Époque Louis XVI.

329 — Boîte en or gravé à rocailles feuillagées, offrant sur les côtés et sur le couvercle des peintures sur émail en camaïeu violet, à sujets champêtres et de chasse. Style Louis XV.

330 — Boîte en ancienne porcelaine de Saxe, à petits personnages, sujets Watteau. Monture en or.

331 — Éventail en ivoire sculpté et ajouré, à petits personnages chinois, montants en or repoussé, à rocailles, enrichis de pierreries.

332 — Éventail en nacre découpée, montants en argent doré et ajouré à arabesques.

333 — Montre de dame, forme cœur, en or gravé.

334 — Boîte plate en porphyre oriental garni d'or, couvercle en mosaïque représentant une rivière avec pont et tour. Iᵉʳ Empire.

335 — Statuette d'Homme assis, au pied d'un tronc d'arbre, sur un rocher, en argent et bronze doré, tout enrichi de pierreries. Époque Louis XIV.

336 — Coffret et deux Bonbonnières en argent doré, enrichis de perles, turquoises et grenats.

337 — Petite Horloge en argent émaillé; le cadran surmonté d'une figurine : *le Temps*, est supporté par deux dauphins posant sur une base à petits médaillons de guerriers. Travail viennois.

338 — Pelote à épingles, forme jardinière chinoise, en filigrane d'argent doré.

339 — Porte-Mine en or émaillé et peint.

340 — Deux Bonbonnières et une Cassolette, forme œuf, en ancien émail, à fleurs et paysages.

341 — Hochet, forme bouquet, en filigrane d'argent.

OBJETS DIVERS

342 — Grand Trophée de musique, composé de Violons,
Cor, Vielle, Tambour de Basque, Cornemuse, Flûte
de Pan, Castagnettes, avec draperies en étoffes
anciennes. Travail de l'ancienne Maison LIPMANN.

343 — Cartel, Baromètre et Thermomètre en faïence
émaillée, genre PALISSY, décor à figures d'Amours
sur des dauphins, cornes d'abondance, coq gau-
lois, etc.

344 — Service à liqueurs en cristal, dans sa boîte en
palissandre et cuivre.

345 — Pupitre en noyer clair avec accessoires à l'intérieur.

346 — Écrin renfermant trois flacons en cristal taillé,
cercles en argent anglais.

347 — Bouddha en bois sculpté et peint de la Chine.

348 — Deux Statuettes en bois sculpté : Personnages
grotesques aux longs bras et aux longues jambes.

349 — Groupe de personnages en bois sculpté de Chine.

350 — Deux Candélabres à deux lumières, formés de
perdrix en émail cloisonné de Chine, sur terrassement en bronze doré.

351 — Petite Coupe en agate, monture en bronze doré.
Ier Empire.

352 — Encrier formé par un groupe de figurines grotesques. Monture en bronze doré et gravé.

353 — Quatre Œufs d'autruche finement peints, imitant par leurs décors les Wedgewood à sujets de chasse.

354 — Pendule, forme sphérique, en cristal, dessin martelé, rehauts d'or, paysage et branchage, surmontée d'une figurine.

355 — Deux Carafons en verre rougi fouetté d'or, bouchon et base en ancien émail à petits personnages. Monture cuivre gravé.

356 — Deux Carafons en cristal, côtelés. Monture en bronze doré.

357 — Carafe aplatie en cristal, décor en relief à branchages.

358 — Deux petites Aiguières en verre de Venise filigrané.

359 — Cinq Carafes et Carafons en cristal taillé, de formes variées.

359 *bis* — Sèche-Cigares en noyer ouvrant à deux portes, avec deux tiroirs à l'intérieur, fermant à serrure de sûreté.

TABLEAUX

360 — **Armfield**. *Chiens en arrêt.*

361 — **Armfield**. *Chien en arrêt.*

362 — **Baker** (Th . *Vaches au bord d'une rivière.*

363 — **Bertrand** (James). *En sortant de l'école.* Signé à gauche et daté 1879.

364 — **Bird** (W.). *Intérieur rustique.*

365 — **Cooper** (T. S.). *Moutons au pâturage.*

366 — **Copley Fielding**. *Bords de lac.* Gouache.

367 — **École hollandaise.** *Dindon, Canards et Paon.*

368 — **École hollandaise.** *Le Combat de coqs.* Deux
pendants. Peinture sur cuivre.

369 — **Egley** (W.-M.). *Scènes d'intérieur.* Deux pendants.

370 — **Hemsley** (W.). *Une drôle de plaisanterie.*

371 — **Huggins** (W.). *Coq et Poules.*

372 — **Lobrichon.** *La Hotte de Croquemitaine.* Signé
à droite.

373 — **Philippoteaux** (F.). *Mobiles en campagne.*
Signé à droite.

374 — **Philippoteaux** (F.). *Chasseur et Lignard avant
le coup de feu.* Pendant du précédent.

375 — **Rowlandson** (D'après). *Le Vaux Hall.* Gra-
vure par ROLLAND.

376 — **Verbœkhoven.** *Moutons et Agneau.*

TAPISSERIES

377 — Tenture composée d'une suite de cinq panneaux
en ancienne tapisserie, à Amours dans les airs tenant
des guirlandes, fleurs et feuillages, appliquée sur
fond de drap vert.

378 — Décor de fenêtre, composé de deux grands
Rideaux en drap vert, bandeau garni d'ancienne
tapisserie à bouquets de fleurs et médaillons à petits
personnages.

379 — Portière double, formée par un panneau en
ancienne tapisserie verdure à volatiles avec vue de
maison. Bordures à fleurs, encadrement en étoffe.

380 — Deux Portières en reps grenat avec bandes en ancienne tapisserie à feuillages et fruits, garnies de franges et passementeries assorties.

TENTURES

381 — Décorations de lit et de croisée en peluche rouge, bandeau en application.

382 — Décor de fenêtre et deux Portières en étoffe réséda avec bandes en peluche rouge, garni d'applications.

383 — Décors de lit, d'une croisée, d'une porte et deux Portières en étoffe réséda garnie de bandes en peluche rouge, garnie d'application.

384 — Trois Décors de fenêtre et un Décor de baie en reps grenat avec pentes et bandeau en tapisserie au point, fond noir à fleurs.

385 — Belles Décorations de croisée et de porte, composées de rideaux et de bandeaux en velours rouge avec applications au chiffre H en broderie, garnis de galons. Accompagnées de rideaux en diagonale verte.

386 — Cheminée avec sa Glace et encadrement, bandeaux et pentes de même genre.

387 — Deux Décorations de portes en velours rouge fleurdelisé avec chevrons en fils dorés. Style Henri II.

388 — Tenture murale en étoffe fond rouge, dessin tissé métallique.

389 — Plafond en diagonale verte.

TAPIS

39o — Grande Carpette d'Orient fond bleu turquoise, à fleurs. Bordure ornementée, fond crème.

391 — Devant de feu, analogue.

LINGE

392 — Trois Draps garnis de très belles broderies et six Oreillers assortis.

393 — Deux Draps et quatre Taies d'oreillers. Même travail.

394 — Deux Draps et trois Taies d'oreillers semblables.

395 — Deux Draps et quatre Taies d'oreillers semblables.

396 — Deux Draps et deux Taies d'oreillers semblables.

397 — Six très grands Draps et dix-neuf Taies d'oreillers garnis de volants plissés.

398 — Huit grands Draps unis en toile.

399 — Cinq grands Draps unis en toile.

400 — Objets omis.